LE TYRAN

D'ARRONDISSEMENT

EXTRAIT DES NOTES D'UN ÉLECTEUR DE PROVINCE

PARIS

E. DENTU, LIBRAIRE-ÉDITEUR

PALAIS-ROYAL, 15-17-19, GALERIE D'ORLÉANS

1884

LE TYRAN

D'ARRONDISSEMENT

EXTRAIT DES NOTES D'UN ÉLECTEUR DE PROVINCE

PARIS

E. DENTU, LIBRAIRE-ÉDITEUR

PALAIS-ROYAL, 15-17-19, GALERIE D'ORLÉANS

1884

LE TYRAN

D'ARRONDISSEMENT

———— ❖ ————

I

La tyrannie de plusieurs.

Voltaire a dit :

« On appelle tyran le souverain qui ne connaît que son caprice.

» On distingue la tyrannie d'un seul, de celle de plusieurs. Cette tyrannie de plusieurs est celle d'un corps qui envahit les droits des autres corps et qui exerce le despotisme à la faveur des lois corrompues par lui.

» Il n'y a pas de cette espèce de tyrans en Europe. »

Aujourd'hui Voltaire supprimerait cette conclusion.

En l'an 1884 de l'ère chrétienne et 95 de « la liberté reconquise », le peuple le plus spirituel de la terre se laisse conduire par une assemblée de petits tyrans qui envahit les droits des autres corps et exerce le despotisme à la faveur des lois corrompues.

Des trois pouvoirs qu'a établis la Constitution de 1875, un seul grandit aujourd'hui, un seul domine.

Le président de la République, endormi dans une indifférence attristée, veut donner raison dans l'histoire à l'amendement qui porte son nom.

Il ne sait ni régner, ni gouverner.

Il signe tous les décrets, sans mot dire ; promulgue toutes les lois, sans protester.

Ses ministres, parfois audacieux en paroles, suppléent mal à son impuissance. Ils épuisent, dans l'exposition de programmes qu'ils n'osent pas exécuter, le courage que Dieu ne leur a peut-être pas refusé.

Le Sénat, qui comprend encore tant d'hommes éminents, se laisse enlever tous ses droits, et sans l'éloquence sage et passionnée de quelques orateurs d'élite, rappellerait par son calme étrange l'immobilité de ces sénateurs romains qui, assis sur leurs siéges curules, attendaient mornes et impassibles les coups dont devaient les frapper les soldats gaulois.

Que reste-t-il?

La Chambre des députés.

On a souvent parlé, pour la flétrir, de la tyrannie de la Convention. A Dieu ne plaise que je me fasse son apologiste !

La Convention a beaucoup détruit et n'a su que mal construire. Elle a gouverné par la terreur : « Fille de la violence et de la sédition, née dans le désordre et dans le sang (1), » elle a dominé par la dictature. Mais c'était une assemblée énergique, entraînée par de grandes passions. Elle luttait contre l'étranger et défendait le sol national.

Quelles sont les passions fortes auxquelles la Chambre des députés obéit aujourd'hui?

Quelles sont ses grandes ambitions et les grands principes qui la dirigent?

Elle n'a qu'un but, qu'un idéal : la tyrannie locale, la réélection.

Les petits avocats, les petits médecins, les petits vétérinaires qui la composent savent déclamer à propos contre les abus de l'ancien régime ; ils parlent de liberté, d'égalité, de fraternité.

____

(1) M. Bocher.

Ils se disent les fils légitimes de la révolution. Ils sont heureux, ces despotes de rencontre, que les représentants de 1793 ne puissent pas se lever du tombeau où beaucoup dorment aujourd'hui dans l'oubli, pour leur dire avec mépris de leur voix naguère éloquente :

« Qui êtes-vous pour vous dire nos héritiers? Quelles sont vos œuvres? Nous avons dominé la France. Nous l'avons domptée. Elle nous a suivis! Vous n'êtes que des tyrans d'arrondissement.

II

Le tyran d'arrondissement.

Le tyran d'arrondissement a dans les veines du sang de Joseph Prudhomme et de Jérôme Paturot. Mais c'est un Joseph Prudhomme plus prétentieux que son modèle, un Jérôme Paturot qui n'a pas de Malvina pour le conseiller. Si la garde nationale existait encore, il pourrait dire que « ce sabre est le plus beau jour de sa vie »; s'il rencontrait sur sa route une princesse Catinka, il se laisserait entraîner par l'orgueil de séduire une patricienne.

Le tyran d'arrondissement est bachelier, et il en est fier. Il a fait ses études universitaires et connaît quelques mots de latin. C'est le produit banal d'une éducation banale. Il ne sait pas l'histoire et la méprise.

Riche ou pauvre, Parisien ou provincial, il a reçu des blessures d'amour-propre et veut les venger. Il a dû s'abaisser et veut qu'on s'incline devant lui.

Il a trop de vanité et trop peu d'esprit pour rester à sa place.

Ses principes républicains sont parfois de fraîche date. Il n'a pas toujours méprisé l'Empire, et a pu solliciter une place sous ce régime détesté.

Mais les temps sont changés. C'est par la République et en s'appuyant sur les républicains qu'il est arrivé, après de longs efforts et quelques échecs, à ce poste suprême de député.

Député !

Que de platitudes ne lui a-t-il pas fallu faire pour en arriver là ? Que d'argent n'a-t-il pas dû dépenser s'il est riche? quelle pression n'a-t-il pas dû faire exercer en sa faveur?

Non pas que sa médiocrité ait effrayé le suffrage universel.

Le suffrage universel, parfois sensible à l'éclat d'une grande renommée, est d'habitude ami de la médiocrité.

Mais les concurrents étaient nombreux et acharnés. Le château et le presbytère combattaient le malheureux candidat. Il a fait appel aux passions mauvaises contre le château et le presbytère. Il s'est incliné devant la majesté de quelque comité local; il a flatté le pharmacien du chef-lieu, il s'est fait petit et humble avec les huissiers du bourg, il a charmé par sa galanterie la femme du greffier de la justice de paix.

Tant d'efforts ne doivent-ils pas être récompensés?

Le grand jour du vote arrive. Il est nommé, il part pour Paris.

III

Le tyran d'arrondissement à Paris.

Qu'un observateur impartial prenne la liste actuelle des membres de la majorité républicaine dans la Chambre basse. S'il sait en citer cinquante ayant une notoriété quelconque, il sera bien habile.

Le propre du tyran d'arrondissement est de n'avoir pas de notoriété.

Ce n'est pas qu'il soit sans ambition en arrivant à la Chambre, qu'il ne se croie homme d'Etat ou destiné à le devenir. Il aspire à un ministère ou à un sous-secrétariat ; il a dans son portefeuille quelque projet de constitution, vieux souvenir de sa vie d'étudiant ; quelque réforme sociale qu'il a préparée au quartier Latin.

Il désire faire parler de lui, voir son nom dans les journaux de Paris, dépasser en célébrité ses collègues du département ; il pense déjà peut-être à l'émotion qu'éprouvera, en lisant les récits de sa grandeur, sa femme ou quelque obscure amie qu'il n'a pas voulu faire participer à sa gloire.

Mais il est avant tout dominé par deux préoccupations : se venger de ses adversaires, être réélu.

C'est pour rester député qu'il agit et qu'il vote. Comme député, il peut poursuivre ses ennemis et récompenser ses créatures.

Parlez-lui des intérêts généraux du pays, des bons rapports de la France avec l'Europe, de sa gloire, il vous écoutera volontiers et vous applaudira même. Dites-lui qu'il est un vertueux législateur et que la trace de ses travaux se retrouvera dans l'histoire, il vous croira sur parole, et vous témoignera

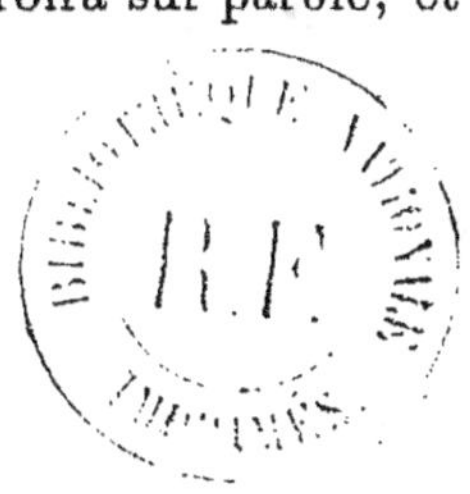

son approbation. Il n'est pas insensible aux tirades ronflantes et aux banalités sonores ; il trouve dans les discours ministériels les éléments du compte-rendu qu'il doit à ses électeurs, et l'excuse du vote que sa conscience même lui reproche.

Mais la parole ne suffit pas, il faut des actes ; après les affirmations de tribune, il faut les promesses de couloir. Le tyran d'arrondissement ne se grise pas de mots. Ce n'est pas tout que de lui faire croire que la République est populaire en Europe, il faut que lui, il soit populaire dans son arrondissement ; il faut flatter ses intérêts et ses passions, lui promettre une sinécure pour un parent, une place pour un électeur, il faut bien prouver que le programme Freycinet est favorable à sa région et sacrifie la région voisine ; il faut lui rappeler que le clergé a combattu son élection pour qu'il vote l'article 7 et qu'il approuve les mesures prises contre les congrégations.

Mais surtout, messieurs les ministres, ne négligez pas ses dénonciations et recommandez à vos chefs de bureau de les écouter.

Que lui importe la hiérarchie, que lui importe, la bonne administration !

Il faut qu'on satisfasse ses rancunes. Le tyran d'arrondissement dénonce encore plus qu'il ne recommande.

Il dénonce le gendarme qui arrête le braconnier ; il dénonce le desservant qui prononce sans enthousiasme le *salvam fac republicam ;* il dénonce l'instituteur qui n'emploie pas le Manuel Paul Bert ; il dénonce le cantonnier ; il dénonce le facteur ; il dénonce l'employé des Postes et Télégraphes.

Il doit, pour maintenir sa position, se faire le serviteur de ses amis, et donner l'autorité de sa signature à toutes les plaintes que lui adressent tous les mécontents de son parti.

Je ne sais quel historien nous raconte que Denys de Syracuse, parvenu au faîte du pouvoir, tremblait sans cesse de s'en voir précipité. Il tremblait pour son autorité, il tremblait pour sa vie, il tremblait pour ses trésors. Le tyran d'arrondissement n'a guère moins de soucis. Ce petit despote vaniteux a peur de son ombre. Celui devant lequel s'inclinent les préfets et les magistrats n'est que le serviteur humble et dévoué de sous-tyrans de canton ou de commune qui le soutiennent parce qu'il les sert.

Les haines du marchand besogneux pour le négociant plus habile, la jalousie de l'employé qui souffre de voir sa femme moins bien vêtue que celle de son supérieur, les rancunes de l'avocat sans cause aigri par les succès d'un collègue plus éloquent; le député doit tout admettre, tout favoriser de son influence. Il persécute ses adversaires, et ses électeurs le dominent.

C'est ainsi que se trouve rivée la grande chaîne sans fin de la tyrannie.

Il faut bien faire maison nette et débarrasser l'administration des restes des anciens partis.

Et les ministres obéissent, les ministres cèdent, les ministres tremblent devant la crainte d'une question à la tribune.

Dans un discours célèbre sur les libertés nécessaires, M. Thiers disait en parlant de l'état de l'Autriche, il y a quarante ans : « Le gouvernement gouvernait, c'était sa profession à lui. »

Aujourd'hui, en France, le gouvernement ne gouverne plus. Sa profession est d'exécuter les volontés du tyran d'arrondissement.

Gambetta l'avait bien compris.

Ce Mirabeau populaire, ce tribun puissant et corrompu avait trop d'esprit pour apprécier longtemps ces Barrère de pacotille.

Il ne les a servis de sa parole éloquente que pour les abandonner bientôt et pour les braver.

Ils s'en sont vengés.

La mort n'a pas laissé le temps de prendre une revanche à ce lutteur énergique et violent, assez intelligent, je le crois, pour devenir en un jour de crise le serviteur de la monarchie qu'il avait combattue.

Que les ministres se rassurent d'ailleurs; il en est peu, parmi les tyrans d'arrondissement, qui soient orateurs. Les plus hardis seuls, encouragés par la médiocrité des discours qu'ils entendent, se décident à prendre la parole pour prononcer des harangues vides et prétentieuses. Ils sont l'exception. Le plus grand nombre éprouve pour la tribune la même aversion que Jérôme Paturot. Il trouve que « cette rampe de marbre a quelque chose de si solennel et de si redoutable » qu'il se hasarde rarement à l'aborder, même pour parler de l'industrie des fromages.

Ce n'est pas que ce député vaniteux ne voulût goûter les charmes d'un succès oratoire, étonner par son éloquence quelque électeur présent à la séance, retrouver dans les colonnes de l'*Officiel* les applaudissements de ses amis, se voir « vivement félicité par ses collègues » en regagnant son banc. Il essaie timidement des interruptions qui l'effraient dès qu'il les a lancées, il murmure à voix basse des « très-bien » et des « c'est vrai » qu'il s'étonne de ne pas voir reproduits par la sténographie ; il prononce un jour toute une phrase pour protester contre les assertions d'un orateur de la droite, et recommande à son journal de parler du succès obtenu par cette « improvisation indignée ».

Mais là s'arrête son courage ; il prépare quelque discours solennel, mais sent ses jambes fléchir et sa voix trembler avant même que de quitter sa place ; il renonce, « pour des motifs patriotiques, » à la parole qu'il avait d'abord demandée, et se fait louer de son silence, ne pouvant faire exalter son talent.

Ce n'est que dans les commissions que le tyran d'arrondissement s'aventure à prononcer quelques mots. C'est par les commissions qu'il arrive à se créer une importance factice. Il a trôné en maître et en maître impitoyable dans ces comités d'invalidation qui ont fonctionné il y a sept ans et qu'on voudrait rétablir aujourd'hui. Aussi tend-il de tous ses efforts à augmenter le rôle de ces petites assemblées sans responsabilité et sans publicité, rôle tellement contraire à l'esprit vrai du gouvernement parlementaire. Il dirait volontiers avec le héros d'une amusante comédie : « Les vrais députés ne sont pas ceux qui parlent, ce sont ceux qui pensent. »

Et il croit penser.

Il pense aux questions de finance, mais au point de vue de

son élection. Il a l'horreur légitime des impôts nouveaux, joint au goût démesuré des grandes dépenses.

Pour lutter contre l'instruction cléricale, pour créer des chemins de fer improductifs, pour construire des maisons d'écoles souvent trop vastes, le gouvernement a besoin d'argent et le député se décide à voter les crédits demandés.

Mais il veut qu'on lui présente des budgets rassurants ; il fait publier tous les mois par son journal le tableau des plus-values sur les contributions, il demanda le dégrèvement des boissons.

Que si, dans une autre assemblée, M. Bocher ou M. Buffet prouve, chiffres en mains, que l'on marche vers la ruine et que la dette va toujours croissant, le député s'étonne de leur injustice et accuse les passions monarchiques.

Le tyran d'arrondissement est mauvais administrateur des deniers de la France.

Les questions militaires le trouvent aussi déraisonnable que les questions de finance. Il s'inquiète peu de l'état des régiments ; il adresse sans cesse aux officiers des demandes de congé ou de sursis pour les conscrits qu'il a bien notés. Il s'étonne des retards qu'on apporte à lui répondre. Il déclame « contre la soldatesque. » Les fils de ses électeurs devraient tous être dispensés du service. Écoutez les officiers généraux. Demandez-leur si l'armée a fait des progrès depuis cinq ans que la vraie république existe. Demandez-leur l'effet produit par un régime tel que le chef de l'État ne va jamais dans les casernes et ne se montre aux troupes qu'une fois par an, lors de la grande revue. Demandez-leur où en est la discipline, où en sont l'esprit d'ordre et d'obéissance.

Je le sais, les plus illustres parmi ces généraux ont le tort de ne pas être républicains ; ils ont combattu avec gloire ; c'est là leur plus grand défaut.

M. de Montalembert parle, dans l'un de ses ouvrages, de « cette démocratie haineuse, jalouse, furieuse, fille de l'envie, dont le génie consiste surtout à contester et à détruire toutes les supériorités. »

C'est à cette démocratie que la France demandera compte un jour de son armée.

IV

Le tyran d'arrondissement en province.

Si le rôle du tyran d'arrondissement est dangereux à Paris, en province il est odieux, le mot n'est pas trop fort.

Ceux qui n'habitent la campagne que par hasard, en courant, au retour des villes d'eaux ou des bains de mer, ne peuvent se rendre compte de l'action exercée par le député dans son arrondissement. Quand les vacances parlementaires commencent, le député regagne son département. Il voyage gratis et ne craint pas les places de luxe. Il a le goût des privilèges et des honneurs.

Parfois on lui fait dans son chef-lieu une réception solennelle; la fanfare de la ville, le bataillon scolaire, les pompiers mêmes vont l'attendre à la gare et chantent au besoin la *Marseillaise*. Le député descend de wagon, on l'acclame, il prononce quelques paroles pour remercier ses électeurs; il se dit satisfait, très-satisfait; il fait le modeste et le bon apôtre. Souvent un banquet fraternel offert par souscription, et suivi de toasts nombreux, met fin à cette touchante solennité.

Enfin le député est libre, il se retrouve au milieu des siens, il peut se livrer aux douces joies de l'intimité : il raconte ses triomphes à sa famille ébahie, toute fière et toute heureuse de le sentir échappé aux dangers, aux passions, peut-être aux tentations de la capitale.

Ces épanchements ne sont que de courte durée Le tyran d'arrondissement ne s'appartient plus, il est à ses électeurs. C'est un mandat impératif. Tout Français lui ayant donné sa voix le croit son homme-lige, de par la grande loi de la solidarité républicaine. Il doit être le père, le frère, le conseiller, le protecteur, l'ami, le serviteur de tous, écouter toutes les plaintes, accueillir toutes les demandes.

Dès le lendemain de son arrivée, il reçoit ses électeurs et commence sa grande enquête sur la situation intellectuelle et morale de son arrondissement. Il interroge, il écoute, il se renseigne sur l'état des partis, sur l'attitude de chacun, du président du tribunal, des juges, du percepteur, du lieutenant de gendarmerie, du sous-préfet lui-même.

L'inquisition laïque et obligatoire organisée dans toute la France porte ses fruits.

Ici, c'est un employé subalterne qui se plaint de son chef, demande sa révocation et sa place. Là, c'est un condamné qui accuse son juge et s'indigne qu'on n'ait pas assez « épuré » la magistrature.

Tel maire a médit du député, tel autre a dit que les affaires allaient mal en 1848 ; les sœurs ont fait de la propagande conservatrice ; les frères ont été trop complimentés par l'inspecteur ; un maître d'école réactionnaire a obtenu pour ses élèves trop de certificats d'étude.

Jamais le mot de Basile n'a été plus vrai. On calomnie, on dénonce, et il en reste toujours beaucoup.

Que voulez-vous? Les honnêtes gens eux-mêmes cèdent à l'exemple. Ils ont peur. Rien n'est plus contagieux que la platitude.

Le député est si puissant, si dur pour ses adversaires.

Que faire? Il faut courber l'échine et plier le jarret, parler de la république et crier très-fort : « Vive M. le Député ! »

Le soir seulement, quand les portes sont bien closes et les volets bien fermés, on se hasarde à relever la tête, on redevient fier, énergique, courageux, et l'on souhaite le retour de la monarchie.

Rien n'est plus triste que de voir dans de petites villes, et même de grandes, des magistrats honorables trembler devant un député moins honnête et moins instruit qu'eux.

Qu'on ne s'y trompe pas, d'ailleurs ; dans bien des endroits déjà, « les juges résolument républicains » ont remplacé les autres.

Le tyran d'arrondissement n'admet pas qu'un arrêt puisse être rendu contre lui-même ou contre l'un de ses protégés.

Voltaire l'avait prévu.

« Si j'ai une métairie dans le voisinage de l'un de nos seigneurs, je suis écrasé ; si je plaide contre un parent d'un parent de nos seigneurs, je suis ruiné. »

Voltaire ne se fait pas ici l'accusateur de la monarchie. C'est de la tyrannie de plusieurs qu'il parle. Pauvre Voltaire ! Il court risque d'être banni des écoles laïques.

Le tyran d'arrondissement ne se contente pas de recevoir les dénonciations, il va les chercher. Il court la campagne, se mêlant de tout, ayant un avis sur tout et le donnant, recueillant une plainte, entre un mot sur la pluie et une phrase sur le soleil ; car il doit paraître s'intéresser à l'agriculture, goûter le cidre ou le vin de l'année, et la vieille eau-de-vie, si vieille qu'elle n'a plus de goût, et l'alcool nouveau si fort qu'il brûle le palais, constater la bonne santé des vaches et la taille raisonnable des poulets, plaindre les moutons qui souffrent de la clavelée, tonner contre l'importation du bétail américain. Il doit s'extasier sur la belle culture, sur la richesse des prairies, sur le blé qui pousse, sur les « petites betteraves toutes roses, avec des petits navets tous jaunes, qui ont de si jolies petites feuilles toutes vertes. »

Il doit beaucoup parler du ministre, son ami, et du sous-secrétaire d'Etat, son camarade ; faire l'important et le bienveillant.

Mais qu'il rencontre un obstacle, une opposition, il met tout son orgueil à les renverser et à briser son adversaire. Une élection a-t-elle lieu dans un canton ou dans une commune, il prétend dicter le choix des électeurs. Il a *son* candidat, *ses* agents, *ses* distributeurs. Dans chaque endroit il s'appuie sur un petit groupe dirigé tantôt par un huissier, tantôt par un agent d'affaires, ou par le notaire et l'officier de santé.

Rien alors n'est épargné, tout sert de prétexte pour une menace ou pour une promesse, tout est utilisé. Les affiches de l'adversaire sont déchirées par l'employé de la mairie ou par le garde-champêtre, ses circulaires ne sont pas distribuées, ses bulletins ne parviennent pas à destination. Les électeurs enrégimentés doivent voter sous la direction de caporaux politiques.

L'obéissance passive est exigée.

Et quand ces mesures sont insuffisantes, quand la victoire est douteuse, il se trouve parfois, au dernier moment, que, par je ne sais quelle fantasmagorie, le nombre des bulletins déposés dans l'urne dépasse de beaucoup le nombre des votants réels.

Voilà comment l'on respecte le suffrage universel.

La candidature officielle est plus officielle qu'elle ne l'a jamais été sous l'Empire : les procédés sont plus violents, les mesures plus arbitraires.

M. le comte d'Haussonville demandait, après le coup d'État, la liberté comme en Autriche. Qu'on nous donne au moins la liberté comme sous l'Empire.

Le tyran d'arrondissement remporte encore souvent la victoire ; il se dit invincible et veut que ses amis soient invincibles comme lui. Cette petite coterie qui le dirige et qu'il croit commander est une armée qui semble dévouée.

Que le vent tourne et l'on verra.

Mais le vent n'a pas encore tourné. Le tyran d'arrondissement est encore puissant et encore dangereux, dangereux pour le pays, qu'il gouverne mal ; dangereux pour l'administration, qu'il désorganise ; dangereux pour la gloire, pour la tranquillité, pour la prospérité de la France.

Est-ce à dire qu'il soit éternel ? Non, sans doute !

Le jour viendra, et il n'est pas éloigné, où toute cette puissance s'écroulera, où toute cette tyranie disparaîtra, où « la France commencera à penser, » où « elle pensera tristement, profondément, où elle regrettera ces libertés dont elle a fait le trop facile abandon (1). »

Et la monarchie sera faite !

(1) M. Thiers.

Paris. — Imp. Balitout, Questroy et Cᵉ, 7, rue Baillif.

Paris. — Imp. Balitout, Questroy et C*, 7, rue Baillif.